SOUVENIRS

D'UNE

COLLECTION

DE PROVINCE

PAR

M. EDW. BARRY

Professeur d'Histoire à la Faculté des Lettres de Toulouse, membre de la Société archéologique
et de plusieurs Sociétés savantes.

DESSINS DE M. BRUNO DUSAN.

TOULOUSE
IMPRIMERIE DE A. CHAUVIN, RUE MIREPOIX, 3.

1861.

LES
LAMPES DE BRONZE.

Tout semble indiquer que c'est sur les bords heureux de la Méditerranée, dans le pays où mûrit la baie huileuse de l'olivier, présent divin de Minerve, qu'a été inventé et perfectionné le petit meuble dont nous essayons de résumer l'histoire (1). Originaire, suivant toute apparence, de la Grèce, à laquelle il doit ce nom grec de *lychnus* (λύχνος), qu'il a conservé même en Italie (2), il aurait été transmis par la civilisation et le commerce précoce des Hellènes aux populations italiotes que la civilisation grecque pénétrait de plusieurs côtés à la fois, et propagé plus tard, par les conquêtes et l'influence de Rome, dans les régions barbares de l'Occi-

---

(1) On a essayé, sur la foi de quelques Pères de l'Eglise, de faire remonter jusqu'aux Égyptiens l'invention et l'usage des lampes (Eusèbe, *Præparat. Evang.*, X, 6. — Clemens alexand., *Stromat.*, I, 16); ce qui en soi n'aurait rien d'impossible, l'invention étant assez simple pour avoir été commune à plusieurs pays. Mais comment admettre que l'on ait connu l'usage des lampes dans un pays où tout se conserve, même le bois, et qui ne nous a pas encore fourni, quoi qu'on en ait dit (voy. Caylus, t. IV, xix, 2), un seul spécimen de lampe incontestablement égyptien d'origine?

(2) C'est de ce nom grec de λύχνος (du primitif λύχω, identique au latin *luceo*) que dérivent les composés *dilychnus* ou *dilychnis*, *trilychnus*, *polylychnus* et le mot ἐλλύχνιον, sous lequel on désignait la mèche. Μύξα, qui signifie littéralement narine, était grec lui-même d'origine, comme toute la nomenclature de ce petit ustensile, et avait formé à son tour les composés *dimyxus*, *trimyxus*, *polymyxus*. — Le nom latin de la lampe *lucerna* s'est conservé comme l'usage en Italie, où l'on éclaire encore les appartements à l'aide de lampes de cuivre à deux ou plusieurs becs adhérentes, il est vrai, au candélabre en forme de tige qui les supporte. — Le mot français lampe, du grec λαμπάς, dérivé lui-même de λαμπω, briller, a un tout autre sens que λύχνος, et désignerait plutôt un flambeau, une torche, un fanal. C'est au moins dans ce sens que le prennent les écrivains latins.

dent, dans les Gaules, dans l'Espagne, jusque dans la Bretagne, où les lampes antiques sont presque aussi communes qu'en Italie.

Tout élémentaire qu'il nous paraisse aujourd'hui, après les inventions multipliées de la science et de l'industrie, ce système d'éclairage était probablement un perfectionnement sur l'éclairage plus grossier encore des pays où il pénétrait. Il y a même toute raison de croire, par le développement rapide qu'il y prit, qu'il fut considéré et accueilli comme un progrès par les peuples à demi-barbares auxquels les Romains imposaient leur civilisation et leur empire. Réduits le plus souvent à la lumière fuligineuse et plombée des *candelœ*, qui n'étaient à l'origine que de grossières cordelles de chanvre ou de lin que l'on façonnait dans chaque maison en les plongeant à plusieurs reprises dans un bain de cire ou de suif (1), quelquefois dans de la résine fondue, comme on le fait encore au pied des Pyrénées, dans les bruyères des *Bigerrones*, ou dans les landes des *Tarbelli* revêtues de forêts de pins séculaires, ce ne fut point sans étonnement que ces populations, plutôt barbares que grossières, durent contempler cette lumière nouvelle, que l'on n'était plus réduit à cacher sous le manteau de la cheminée pour en éconduire la fumée ou à moucher sans relâche à l'aide d'une pince de coudrier. Une huile plus ou moins pure (2), le choix heureux que les anciens empruntaient aux matières les plus diverses, aux fibres ligneuses de la vigne, par exemple, dont Pline vante la vive lumière (3), pouvaient en accroître l'intensité et l'éclat. Un petit vase à goulot très-étroit (*guttus, infundibulum*), placé

---

(1) Juvénal disait encore : *Breve lumen || Candelœ cujus dispenso et tempero filum* (*Satyr.*, III, 286-7). — Ce qui prouve qu'en Italie même les classes inférieures étaient restées fidèles à l'antique *candela*.

(2) L'huile la plus estimée de l'Italie était celle de Venafrum, et surtout celle du clos de Licinius, *Licinianum oleum* (Pline, XV, III). On citait aussi les huiles : *Cominia, Sentia, Sergia, quam Sabini regiam vocant* (*Id.*, *Ib.*, IV), ainsi nommées, du nom de leurs propriétaires.

(3) *Ellychnia ex uva fiunt claritatis præcipuæ* (Pline, XXXIII, IV, 41); ailleurs, on les faisait de bois d'olivier, coupé en petites lattes et battu au marteau (*lumen obscurum propter nimiam pinguetudinem. Id.*, *Ib.*), de la tige fibreuse du papyrus (*ellychnia papyracea. Id.*, *Ib.*, XXVII, II, 47) ou de celle du verbascum, auquel les Grecs avaient donné, à cause de cela, le nom de *lychnites*; quelquefois de la moelle spongieuse du sureau ou du roseau. Mais le plus souvent on se servait de chanvre ou de lin, que l'on employait seulement peigné et tordu, comme le prouve une lampe à deux becs, découverte avec sa mèche à Stabies, en 1782, et que l'on conserve au musée des Studj, sous une cloche de verre.

à côté du *lychnus* dont il était le complément indispensable, permettait de prolonger à son gré la durée de la flamme en renouvelant la provision d'huile qui servait à l'alimenter (1). Le petit meuble destiné à contenir ce mécanisme très-simple était lui-même facile à manier, à poser, à suspendre, plus propre incomparablement que les chandeliers de bois ou de terre, d'où la cire et le suif coulaient en longues traînées sur le sol, d'un entretien si simple qu'il suffisait d'en renouveler de loin en loin la mèche, garantie d'ailleurs de la poussière par l'étroitesse des orifices dont le *lychnus* était percé.

L'olivier, dont l'huile servait presque exclusivement à l'alimentation des lampes antiques, ne dépassait point, il est vrai, la lisière maritime de la Narbonnaise, romaine de fait et italienne de mœurs plus d'un siècle avant César. Mais on pouvait, dans le reste de la Gaule, la remplacer avantageusement par l'huile de certains fruits ou de certaines graines que l'on paraît avoir concassés et pilés de très-bonne heure (2), au besoin par de la graisse fondue, dont on se contentait dans les contrées pauvres et montagneuses de l'Hellade (3). Le bas prix de ces petits meubles que les artistes du sud façonnaient de matières très-diverses, d'argile et de bronze particulièrement, auxquels ils donnaient au besoin les formes les plus simples, de manière à les mettre à la portée de toutes les fortunes, acheva de désarmer les répugnances qui avaient accueilli ces inventions nouvelles, ici par un esprit de routine obstiné, ailleurs par un sentiment de défiance contre tout ce qui venait des Romains. Sans aller jusqu'à prétendre que les populations de l'Aquitaine et de la Gaule chevelue aient renoncé tout d'un coup et toutes ensemble à leurs *candelœ* de cire, de

---

(1) On trouve dans toutes les collections de ces petits vases de terre ou de bronze, que la petitesse de la plupart des lampes rendait à peu près indispensables. La plinthe en forme de table qui sert de soubassement à la plupart des candélabres était probablement destinée en principe à recevoir un *guttus* de ce genre.

(2) C'est ce que Pline appelle *fictitium oleum... cibis fœdum, lucernis utile* (XV, VII)... *amygdalinum ex amaris nucibus arefactis et in ollam contusis exprimitur... fit e lauro... quidamque e baccis (lauri) exprimunt... Inopia cogit aliquando, luminum causâ, et e platani baccis fieri... fit et de aspalatho, calamo, balsamo, iri, cardamomo, meliloto, nardo gallico, panace,* etc. (*Id., Ib.*).

(3) Hésychius donne à la lampe λύχνος l'épithète caractéristique de ἀδηφάγος, mangeuse de graisse (Hésych., *sub voce*).

suif ou de résine dont nous allons retrouver des traces bien marquées à des époques relativement récentes, on peut regarder au moins comme certain, en présence des témoignages irrécusables que recueille tous les jours l'archéologie sur les points les plus divers de notre sol, que cette petite révolution était à peu près consommée au commencement du second siècle de notre ère. A l'exception des campagnes, où ne pénètrent que lentement, quand elles y pénètrent, les innovations et les inventions nouvelles, toute la Gaule se servait dès cette époque de *lucernæ* à la romaine, comme elle se servait, même dans les villages, de poteries rouges à relief analogues à celles de l'Italie, de verreries blanches ou teintées, d'ustensiles de bronze fabriqués sur les modèles des bronzes étrusques ou romains; et il faut ajouter, pour expliquer tout l'intérêt que nous inspirent aujourd'hui ces petits objets, qu'il y a plus d'une raison de croire qu'ils ont été fabriqués par des artistes indigènes qui se formaient d'eux-mêmes, à mesure que se propageaient chez nous les habitudes et les goûts de la vie civilisée. Si cette assertion peut soulever quelque doute relativement aux lampes de bronze, où les preuves se réduisent à peu près à des inductions tirées du caractère de la fabrique, du choix des sujets et du goût dans lequel ils sont traités, elle reste incontestable au moins pour les lampes de terre, qui sont souvent estampillées de noms aquitains ou gaulois d'apparence (1), et dont on retrouve sur tous les points de notre territoire les ateliers et les fabriques (*officinæ*) avec leurs petits fours de terre battue, leurs moules entiers ou brisés, et des couches épaisses de débris provenant de la *casse* ou des *rebuts*, comme on dit en terme d'atelier (2).

On a écrit de si longs et de si savants traités sur les lampes antiques, depuis les témérités du Génois Fortunio Liceti jusqu'aux consciencieuses

(1) Les noms romains qui alternent sur le fond des lampes avec ces noms indigènes, ne paraissent le plus souvent que des noms serviles imposés par des maîtres romains, ou des noms d'affranchis composés d'un nom servile, ajouté comme *cognomen* au nom et quelquefois au prénom de leur ancien maître.

(2) Nous nous contenterons de signaler, parce qu'il est tout voisin de nous, le village de Montans, près Gaillac, sur le Tarn, où un jeune archéologue, M. Rossignol fils, a composé un petit musée des poteries de tout genre que l'on exhume tous les jours du sol, entières ou

études de Bellori et de Passeri (1), qu'il est presque inutile de rappeler ici quel est le genre d'intérêt qui s'attache aux lampes de terre (*lucernæ fictiles*) dont toutes les grandes collections possèdent des suites nombreuses. Façonnées de terre glaise ou d'argile que l'on trouvait presque partout, que les plus pauvres se contentaient parfois de pétrir et d'évider entre leurs doigts, de manière à y insérer une mèche de chanvre ou de lin baignée dans un peu d'huile (2), ce n'est que par exception qu'on les voit se

brisées, et qui sont bien certainement l'ouvrage des *figulini* du *vicus*, puisque l'on trouve fréquemment le moule à côté du vase qui en est sorti (voy., à ce sujet, un article intéressant publié par M. Rossignol lui-même, dans le *Bulletin monumental* de M. de Caumont, année 1859). Si tous nos ateliers de poterie avaient été surveillés et étudiés avec le même soin, nos connaissances seraient plus avancées qu'elles ne le sont sur cette branche intéressante de l'industrie et de l'art antique.

(1) Le recueil du Liceti, le premier traité ex-professo que l'on ait publié sur la matière (*De lucernis antiquis;* Venise, 1621 4º), est un livre sans critique, et probablement sans bonne foi, qui fourmille de pièces étranges ou suspectes reproduites sans examen par tous les lychnologues qui l'ont suivi. Une bonne partie de ses lampes, et les plus admirées, ne sont que des bronzes renaissants (aiguières, bouilloires, cassolettes, encriers, vide-poches, lampes florentines, etc.), auxquelles il en ajoute quelques-unes qui n'ont probablement jamais existé. Comme tous les lychnologues des deux derniers siècles, il est très-préoccupé des lampes inextinguibles, dont il défend imperturbablement l'existence. — Le recueil du Bellori, gravé par le célèbre Pietro Santi Bartoli (*Le antiche lucerne sepolcrale figurate.....* Roma, 1691, Fº), a été rédigé en grande partie d'après des lampes découvertes à Rome ou dans les environs de Rome (elles ont passé depuis dans le cabinet des électeurs de Brandebourg, à Sans-Souci), et paraît avoir fait sensation dans le monde savant lors de son apparition. Il a été traduit deux fois en latin et inséré dans le grand recueil de Grouovius, t. XII. — Mais il a été éclipsé par celui de Giambattista Passeri, qui a été publié à Pesaro (1739-1751) en trois volumes in-folio (*Lucernæ fictiles cum animadversionibus*). Antiquaire du grand-duc de Toscane jusqu'à l'époque où il prit l'habit ecclésiastique, et amateur aussi zélé qu'intelligent, Passeri était parvenu à réunir une suite considérable de lampes d'argile, à l'explication desquelles il s'est particulièrement attaché. — Notre excellent Montfaucon se contente en général de reproduire les échantillons les plus intéressants du Liceti et du Bellori, en y intercalant quelques nouveaux types empruntés aux collections de son temps (Medina-Celi, Bonanni, Fauvel, etc.). Mais les découvertes d'Herculanum et de Pompéï ont ajouté à tout cela une foule de types charmants, en bronze surtout, que la gravure a reproduits plusieurs fois (*Le lucerne ed I candelabri d'Ercolano*, tomo unico, Napoli, 1792, in-folio; Barré et Roux, t. XII, Paris, Didot, 1840), et dont nous avons tiré largement parti.

(2) Je possède une de ces petites lampes qui n'a jamais passé par les mains du *figulinus*, quoiqu'elle rappelle grossièrement la forme des lampes ordinaires. Le trou destiné à la mèche et le regard qui perce le disque ont été pratiqués à l'aide d'une petite baguette dont on peut encore déterminer la dimension.

transformer, sous la main habile des potiers, tantôt en élégants *lychni* à deux ou trois becs disposés de diverses manières, tantôt en grandes lampes monumentales analogues à nos lustres de salon (*lychni pensiles*), où les becs beaucoup plus nombreux encore rayonnent autour d'une cuvette centrale dont ils godronnent et échancrent les bords.

La vraie lampe de terre, la lampe des classes inférieures, que nous retrouvons entière ou brisée dans tous les pays où a pénétré la civilisation romaine, n'avait généralement qu'un seul bec ou qu'une seule *lumière*, comme le disaient les jurisconsultes d'un mot qui était devenu chez eux synonyme de vie obscure et de pauvreté (1). Elle se composait presque invariablement d'une cuvette circulaire que l'on modelait isolément avec le *rostre* qui s'en détache, et d'un couvercle de la même taille que l'on soudait à la cuvette, avant de mettre le tout au four. L'anse dont sont dépourvus la plupart de ces petits meubles se réduit dans les autres à une sorte de crête massive et transversale destinée à suspendre le *lychnus* quand il était vide, plutôt qu'à le porter quand il était rempli (2). L'ornementation, que les anciens ne sacrifient jamais complètement, se réfugie et se concentre ici dans le disque déprimé qui forme le centre du couvercle, et que cette dépression elle-même garantissait des frottements et des chocs. Elle s'y réduit le plus souvent à de petites images en relief, très simples de sujet comme d'exécution, et qui n'avaient probablement d'autre but, à l'origine, que d'accompagner ou de dissimuler le petit orifice dont ce disque est toujours percé (3). Mais sous la main de potiers plus habiles, comme

(1) *Tenuis vitæ homines..... lumine unico et brevi supellectile* (Ulp., lib. I, *Opin. in L illicitas*; § *de officio præsidis*), ce qui signifie bien ici une lampe à un seul bec, comme le prouveraient au besoin plusieurs textes antiques, ce mot de Cicéron notamment : *Nisi tanquàm lumini oleum instilles* (*De Senect.*, XI, 36).

(2) Une anse saillante, en forme de triangle ou de palmette, comme en offrent certaines lampes d'amateur que l'on considérait plutôt comme des objets d'art que comme des ustensiles de ménage, n'aurait eu d'autre résultat que d'augmenter le prix et les risques de ces petits meubles fragiles, dont le bon marché faisait le principal mérite, aux yeux du plus grand nombre au moins.

(3) Cet orifice, qui servait à la fois à l'introduction de l'huile que l'on y versait à l'aide du *guttus* et à aérer la cuvette de la lampe, est toujours très-étroit dans les lampes de terre, ce qui explique comment elles n'ont presque jamais d'*operculum* ou de couvercle. Le savant Passeri, qui avait manié tant de lampes antiques, n'en avait trouvé qu'une seule qui présentât cette particularité.

ils le devinrent d'assez bonne heure, ces sujets un peu nus se compliquent et s'animent par degrés. L'art, qui ne dédaigne rien aux époques réellement artistes, vient quelquefois toucher de sa baguette d'or cette argile à peine dégrossie, et ce n'est point sans quelque surprise que nous retrouvons aujourd'hui ces ustensiles d'un usage vulgaire couronnés de petites compositions disposées et rendues quelquefois avec un sentiment élevé, où viennent se refléter, sous des formes abrégées et populaires, toutes les réalités de la vie contemporaine (1).

Le plus souvent, c'était le luxe et la vie des grandes villes avec leurs plaisirs de tous les jours, leurs fêtes, leurs spectacles et leurs jeux qui fournissaient au modeleur des inspirations ou des idées. Les citadins eux-mêmes (*plebs urbana*) qui passaient une partie de leurs journées sous le *velarium* parfumé des théâtres ou sur les hauts gradins des arènes et des cirques, n'étaient point fâchés de retrouver chez eux, dans les soirées d'hiver, des allusions à leurs plaisirs préférés, et le disque complaisant des *lucernæ* se couvre d'une foule d'images ou de scènes empruntées évidemment à ces solennités bruyantes. Ici, ce seront des masques (*personæ*) de toutes les tailles et de toutes les formes, tragiques, comiques, satyriques, quelquefois même des acteurs en costume, des bouffons ou des mimes représentés dans tel ou tel rôle qui leur avait fait une réputation oubliée comme leur nom ; ailleurs, des courses de chevaux ou de chars, dont beaucoup de *provinciales*, ceux des campagnes surtout, ne connaissaient que ce que les lampes leur en racontaient, des combats de gla-

(1) Il y a plus d'une raison de croire que les *figulini* des provinces s'appropriaient quelquefois tel ou tel de ces bas-reliefs en les surmoulant, ce qui explique comment on trouve quelquefois le même sujet dans des localités très-éloignées l'une de l'autre. Mais la variété presque infinie de ces images ou de ces petites scènes, qui ne se ressemblent presque jamais d'une manière absolue, prouve suffisamment que le plus grand nombre des lampes d'argile découvertes dans les provinces de l'empire étaient l'œuvre de maîtres indigènes qui les modelaient dans leur moment de loisir, comme ils modelaient aussi les décorations variées à l'infini de ces poteries de Samos, que nous retrouvons souvent intactes ou brisées à côté du moule dont elles sont sorties. Quant à l'argile dont les lampes sont faites, elle provient le plus souvent des pays où elles ont été trouvées; elle est, suivant les lieux, grise, blanche ou jaune, rougeâtre le plus souvent, et enduite de ce vernis fin et léger qui fait corps avec la pâte. Ce n'est que de loin en loin qu'on les trouve revêtues de notre lourd vernis métallique, que les anciens connaissaient, mais dont ils ne se servaient que rarement et comme par exception.

— 8 —

diateurs affublés d'armures barbares ou fantastiques, des bestiaires aux prises avec telle ou telle bête inconnue dans l'Occident (1). Les tableaux rustiques, les scènes pastorales ou agricoles qui forment comme l'antistrophe de ces images cruelles, les lourds chariots de la moisson ou de la vendange (2) alternant avec de petites scènes à la Watteau, avec les jeux variés des enfants, avec les épieux ou les filets des chasseurs, s'adressaient probablement au peuple des villes, aux artistes surtout et aux poètes que fatiguait souvent cette vie inquiète, et qui soupiraient à leur tour après le calme des champs, la fraîcheur des ombrages et les doux sommeils au murmure des fontaines (3). Mais ce ne sont là sur les lampes elles-mêmes que des exceptions passagères, comme les éclairs de sentiment et de mélancolie qui traversaient de loin en loin l'imagination antique, beaucoup plus positive que rêveuse. Livrée à ses propres inspirations, on la voit revenir instinctivement vers ces réalités qui l'attirent par tant de côtés à la fois, et l'on a remarqué avec raison que les sujets reproduits le plus fréquemment sur les lampes antiques sont empruntés précisément à ce qu'il y a de plus bruyant sur la terre, au luxe des classes riches que l'on admire d'autant plus qu'on les voit de plus loin (4), à l'ap-

(1) Une lampe de terre, publiée par Bellori et reproduite par Montfaucon, pl. 201, nous montre les animaux savants, singes et chiens, qu'un *mansuetarius* avait dressés à mille tours d'adresse. Nos clowns se retrouveraient dans le sauteur affublé d'un bonnet pointu que nous offre une autre lampe de terre (*Iid., Ib.*, pl. 191). Le danseur de corde ou l'équilibriste est reproduit d'une manière charmante sur le couvercle d'une belle lampe de bronze (Pompéï) dont nous reparlons plus loin. Mais nous ne pouvions, dans cette revue rapide, nous attacher qu'aux choses les plus générales, et nous sommes forcé de renvoyer pour les preuves aux recueils des lychnologues, qu'il nous aurait fallu citer presque à chaque ligne.

(2) Cette petite scène est représentée avec beaucoup d'entrain dans une grande lampe du Bellori (Montfaucon, *Ib.*, pl. 178), où l'on voit les vendangeurs chargés de paniers (*canistra*) et de grappes énormes qu'ils portent suspendues à des bâtons. Le char qui occupe le centre du bas-relief est traîné par deux bœufs et porte sur des roues de bois non évidées (*tympana*).

(3) *O rus quando ego te aspiciam, quandoque licebit* || .... *ducere sollicitæ jucunda oblivia vitæ?* (Hor., lib. II, *Satyr.* II, v. 60-62). — *Murmur aquarum* || *lene fluentium* (Hor?)..... *molloaque sub arbore somni*... (Virg., *Georg.* II, 470).

(4) Nous songeons, en écrivant ceci, à l'élégant *abacus* de bronze, chargé de vaisselle d'argent (V. Cic., *Verr.*, *pass.*), que nous représente le bas-relief d'une lampe de terre publiée par le Bellori et Montfaucon, pl. 194. Sur une autre, une *ancilla* ou une *mater familiás*, debout, semble surveiller attentivement un ragoût qui mijote dans un vase allongé,

pareil du commandement et de l'autorité, à la vie des camps et à celle de la mer, qui ont frappé et qui frapperont de tout temps les imaginations populaires, par la variété des costumes et l'éclat des armures, par les récits émouvants de combats et de naufrages mêlés à des aventures de toute espèce, sur des côtes désertes ou inhospitalières, par l'attrait irrésistible du merveilleux, dont le domaine touche de si près à celui de l'inconnu. Des souvenirs historiques ou légendaires, des allusions plus ou moins transparentes aux grands évènements que racontait l'épopée, à la guerre de Troie ou de Thèbes (le sphynx), aux voyages du prudent Ulysse, aux expéditions fabuleuses des Amazones, aux premiers temps et aux premières fables de l'histoire romaine se mêlent accidentellement à ces représentations contemporaines, et nous font pénétrer plus intimement encore dans les instincts et les sentiments des classes inférieures qu'il nous est rarement donné de saisir sur le fait comme nous le faisons ici.

Le ciel qui se reflète dans cette mer agitée par tous les vents du siècle, n'est au fond que le vieil Olympe d'Homère et d'Hésiode, que le génie hardi des Grecs avait conçu et ordonné à l'image de la terre, qu'il divisait comme elle en une foule de cités souveraines et indépendantes sous la suzeraineté nominale de Jupiter. C'est à ce ciel un peu terrestre lui-même que nous ramènent la plupart des effigies, des allégories ou des scènes religieuses, que nous offrent en si grand nombre les bas-reliefs des lampes de terre. Ici, nous admirons dans toute leur pureté ces nobles ou sereines images que l'art et la poésie nous ont rendues familières dès notre enfance; ailleurs, au contraire, nous les retrouvons altérées déjà par l'ignorance ou les superstitions provinciales, qui substituaient des légendes apocryphes à leurs légendes orthodoxes, qui en dénaturaient le costume, les attitudes et les attributs, en les confondant par degrés avec ces innombrables divinités locales que l'on ne savait plus où saisir tant elles étaient multipliées (1).

engagé lui-même dans un meuble massif adhérent au sol, qui ressemble étrangement à un fourneau économique (*Iid.*, *Ib.*, pl. 194). — Les lampes guerrières et marines, dont nous parlons plus loin, ont, comme les lampes historiques ou légendaires, leur chapitre spécial dans la plupart des grands recueils que nous venons de citer (V. entre autres, chez Montfaucon, les lampes relatives à la guerre de Troie, pl. 198, et aux combats des Amazones, pl. 199).

(1) V. aux subdivisions ou aux chapitres des dieux les recueils des lychnologues, qui ont le tort grave de n'indiquer presque jamais la provenance des lampes qu'ils décrivent.

Mais au-dessous de ces religions officielles et de ces religions provinciales que le polythéisme romain avait amnistiées par politique autant que par tolérance, on sent poindre et grandir sourdement ces religions étrangères (*sacra peregrina, religiones illicitæ*), qui pénétraient de tous les côtés dans cet empire préparé et comme organisé pour elles. Repoussées par les lois et par le patriotisme, elles s'y propageaient par la nouveauté de leurs dogmes et de leurs promesses, par la pompe mystérieuse de leurs cérémonies, par leur esprit irrésistible de prosélytisme et d'association, et ce n'est point sans intérêt que l'on retrouve écrites de mille manières sur des poteries sans valeur les traces de cette transformation profonde. Ici ce sont de curieuses images de ces dieux orientaux, de leurs prêtres, de leurs temples ou de leurs cérémonies (1); ailleurs des allusions à tel ou tel de leurs dogmes, à telle ou telle légende qui se rattachait à ce dogme, quelquefois des représentations inattendues de leurs orgies ou de leurs mystères, car les lampes auraient aussi leur musée secret. Les choses les plus intimes de l'ordre moral trouvent ainsi leur écho dans cette sculpture populaire qui n'a point les formes monumentales du bas-relief en pierre ou en marbre, mais qui nous parle de beaucoup plus de choses et nous en parle dans un langage moins officiel et moins apprêté. Ce ne sont plus ici, comme dans les peintures populaires aussi des vases grecs, des souvenirs exclusivement nationaux, racontés dans un style durement hiératique, dépourvus d'intérêt et presque de sens pour quiconque n'était point de race ou de langue grecque;

(1) Notre savant confrère, M. Du Mège, possède plusieurs lampes relatives au *sacra ægyptia*, qui ont été découvertes dans le midi de la France. — Les premiers chrétiens, qui se servaient de lampes comme les païens, les décoraient comme eux de symboles et d'images religieuses empruntées, il est vrai, à leur religion, et identiques à celles que nous offrent les remarquables peintures des catacombes. Celles que l'on y retrouve le plus fréquemment sont le monogramme et la croix du Christ (même à Pompéï. V. Barré, *loco cit.*, p. 72). Le bon pasteur portant la brebis, le chandelier à sept branches (qui pourrait être juif aussi), la barque, le poisson et la colombe (V. *pass.* les recueils cités plus haut). Une lampe, publiée par Boldetti, représente une martyre en croix tenant la palme de la main gauche (Boldetti, *Observaz. sopra i cimiterj*, p. 525). Ces lampes chrétiennes, qui diffèrent souvent par leur forme, leur encadrement et leur ornementation des lampes païennes, de celles des belles époques au moins (premier et deuxième siècle), se retrouvent le plus souvent dans les tombeaux chrétiens, où on les déposait suivant un usage païen qui a survécu lui-même à la chute du paganisme (V. Boldetti, *loco cit.*).

c'est le monde à une des époques les plus intéressantes de son histoire, c'est le monde supérieur et le monde inférieur, comme disaient les platoniciens, qui viennent se refléter dans un cadre convenu en brèves allusions, en images populaires et naïves que comprenaient à demi-mot ceux auxquels elles s'adressaient, et qui prennent quelque chose de plus piquant pour nous par leurs réticences et leurs obscurités mêmes.

L'empereur, qui était incontestablement au-dessus de tous les hommes, puisqu'il était un dieu même de son vivant, et que beaucoup de gens regardaient comme supérieur à tous les dieux, par la raison assez concluante qu'il était le plus *prochain* et probablement le plus *efficace* de tous..... *præsens pollensque* (*Insc. pass.*), garde dans cette espèce de *pandemonium* la position exceptionnelle que lui avaient faite la force des choses et la destinée de la société romaine. C'est à lui que nous ramènent la plupart de ces images triomphales qui alternent sur le revers des monnaies, analogues à plus d'un égard aux disques de nos lampes, avec les scènes officielles aussi des *allocutions* et des *libéralités*, avec ses *expeditiones* de toute espèce, ses *profectiones* et ses *reditus*, où Rome assise accueille cordialement son empereur en lui donnant la main. C'était à lui qu'étaient destinées ces prières publiques (*vota*) que l'on formulait pour cinq ou dix années et que l'on renouvelait ensuite; à lui que s'adressaient ces acclamations, ces remerciments ou ces éloges dont les formules sacramentelles n'avaient d'autre tort que de s'appliquer indifféremment à Trajan ou à Domitien, à Marc-Aurèle ou à Commode (1).

Mais au milieu de ce tumulte officiel, une foule d'indications et de

---

(1) Les inscriptions qui nous apprennent toutes ces choses sont gravées, à la pointe le plus souvent, sur le bord des disques ou sur la tranche de la cuvette, et y ont été gravées (sur commande évidemment) avant la cuite de l'argile (V. Passeri, præf., p. XI). On lit sur l'une IO TRIW (pour TRIVMPE), l'acclamation habituelle des soldats et du peuple dans les solennités du triomphe (Passeri, II, 94). Une autre nous a conservé, en toutes lettres, le *votum* suivant : VOT V || ANTONIN || A N (*vota quinquennalia Antonini augusti nostri*. (Passeri, II, 84). D'autres se bornent au mot VOT (*Ib.*, p. 82), ou aux sigles DDNN (*domini nostri*, *Ib.*, p. 82). Une autre ne porte que le mot TRAIANI au génitif (Passeri, II, 80). On lit sur plusieurs autres la formule bien connue OB CIVIS SER-OB CIIVIS SER (*ob cives servatos*. Bellori, II, 4), qui s'applique le plus souvent à quelque acte de clémence ou de sagesse (*remissio*, *indulgentia*), quelquefois à la conclusion d'une paix qui termine une guerre sanglante.

— 12 —

confidences inachevées nous ramènent par mille chemins divers à la vie privée et à la vie de famille, dont la *lucerna* était le confident le plus intime : *Jam, lucerna carissima*...... Les signes du zodiaque, que l'on rencontre assez fréquemment sur le disque des lampes de terre, n'étaient dans le plus grand nombre de cas que des pronostics ou des horoscopes à l'adresse du possesseur inconnu du *lychnus*, qui restait jusqu'à son dernier jour sous l'influence du signe sous lequel il était né. Celles que l'on échangeait entre parents ou voisins à la suite de quelque dîner bruyant, en reconnaissance de quelque service rendu ou à l'occasion d'un enfant nouveau-né, devaient faire de même allusion à une foule de circonstances devenues inintelligibles pour nous (1). Les emblèmes funèbres que reproduisent un assez grand nombre de *lucernæ* ; un tombeau solitaire ou flanqué de deux cyprès, le *genius* abaissant ou éteignant sa torche symbolique, le vieux Caron détachant de la rive du Styx sa barque délabrée dans laquelle entre une ombre inquiète en payant son πορθμεῖον sous les yeux de Mercure comme dans les dialogues de Lucien (2), ne seraient-ils pas aussi des espèces de *consolationes* populaires, de sympathiques allusions à la perte récente de quelque parent ou de quelque ami, dont on avait voulu conserver le souvenir sur ces vases fragiles comme la mémoire? Les lampes d'étrennes, dont on a publié plusieurs exemplaires à peu près semblables découverts en divers lieux, nous représentent le génie du nouvel an (*annus novus*) entouré de tous les petits cadeaux que l'on échangeait à cette époque, et portant inscrite sur un bouclier votif la formule bien connue : ANNVM NOVVM FAVSTVM FELICEM TIBI, que nous nous bornons à répéter après deux mille ans (3).

(1) Il y a même des lampes microscopiques qui ne peuvent avoir été que des joujoux destinés aux enfants. Mais nous ne croyons point, avec le savant Passeri, *pass.*, que la plupart des lampes aient servi de cadeau, et que les symboles dont elles sont décorées ne soient que des allusions aux goûts, aux habitudes, ou à la profession de celui auquel on les destinait.

(2) Cette belle lampe est gravée chez Bellori et chez Montfaucon, pl. 78.

(3) Nous empruntons ce bel exemplaire au recueil de Caylus, t. IV, p 986. Une autre lampe qui a fait partie de la collection Borghese (Marini, *Atti*, t. I, p. 38), porte l'inscription barbare : ANNV || NOVM || FAVTVM (*sic*) || FILICII (pour FELICEM). Mais la plus curieuse de toutes est une lampe du musée de Naples, dont le donateur se souhaite à lui-même la bonne année : ANNV NOVM FAVSTVM FELICEM MIHI (Barré, t. VII, p. 59). Un autre

— 13 —

Les esclaves qui n'avaient point de parents et les pauvres qui n'ont que peu d'amis, dans ces moments-là surtout, en étaient réduits le plus souvent à acheter leurs lampes de leur avoir (*de suo*) chez le *figulinus*, comme nous y achetons nos poteries de ménage, dont la casse est considérable aussi. Mais il ne faut point perdre de vue qu'ils les choisissaient eux-mêmes en vertu de tel ou tel goût particulier, de telle ou telle préférence religieuse ou morale qui les attirait vers tel sujet plutôt que vers tel autre, et si les lampes nous avaient conservé les noms de leur propriétaire aussi religieusement que celui du potier dont elles étaient l'ouvrage, nous pourrions ainsi ressaisir quelques traits au moins de leurs habitudes et de leur caractère, comme nous nous faisons, sans le vouloir, une certaine idée de l'inconnu chez lequel on nous introduit en parcourant les gravures de son cabinet ou les titres des livres de sa bibliothèque.

Les lampes de bronze, dont nous allons décrire quelques échantillons, originaires presque tous du midi de la France, étaient beaucoup moins communes et beaucoup *moins savantes* que les lampes de terre, comme on le disait au dix-septième siècle. Dépourvues presque toujours de ce petit bas-relief circulaire, où viennent se refléter en miniature tant de choses intéressantes, elles n'ont que très-rarement des révélations ou des confidences à nous faire sur le temps et le monde auquel elles ont appartenu. Elles ne formaient plus, comme les lampes de terre, une sorte d'encyclopédie et d'histoire à l'usage des classes illettrées où chacun choisissait, suivant son goût, le volume, le chapitre et la page qui lui plaisait, sans trop se soucier de la peine que nous aurions à la lire ou à l'expliquer à notre tour.

ajoute à son nom celui de son fils : MIHI ET FILIO (Orelli, 4304). Les petits objets disséminés dans le champ du disque de ces lampes sont des feuilles de laurier que l'on brûlait ce jour-là pour en tirer des augures : *Et suspensa sacris crepitet bene laurea flammis* || *Omine quo felix et sacer annus erit* (Tibull., *Eleg.* II, v, 81); des pièces de monnaie (*nummi*), as, fractions d'as ou deniers, des noix et des dattes que l'on dorait quelquefois, et un objet indistinct que la plupart des commentateurs ont pris pour la foudre de Jupiter, et qui ne serait, selon M. Barré (*Ib.*, p. 61), qu'un panier (*torta meta*. Mart., XIII, 28) de figues sèches de Carie (*caricæ*. Ovid., *Fast.*, I, 185).

— 14 —

Le but que paraît s'être proposé l'artiste, plus soucieux ici de plaire que d'instruire, était de donner à ces petits meubles une forme à la fois commode et gracieuse, d'en agencer harmonieusement les diverses parties, d'en diversifier et d'en animer l'ornementation autant que le permettait le métal malléable et solide cette fois sur lequel il travaillait. Sculpteur plutôt que graveur, c'est de l'élégance générale et de l'harmonie des formes qu'il est préoccupé avant tout. Il s'agissait pour lui de mettre ce détail obscur de l'ameublement au niveau du reste de l'ameublement antique où le bronze tenait, comme on le sait, une grande place. Sans oublier sa destination véritable et sans sacrifier ce que l'on pourrait appeler le principal dans un ustensile d'un usage journalier, il n'était pas impossible de le marquer avec mesure de ce cachet de personnalité, d'imagination ou de style dont s'empreignaient, chez les anciens, les choses les plus vulgaires, et l'on est forcé de convenir en parcourant les recueils des lampes de bronze (1), où chaque année vient ajouter quelque nouveau type aux types déjà connus, que l'art antique n'est point resté dans ces régions modestes au-dessous de la perfection qu'il a atteinte dans des sphères plus élevées. Réduite entre les mains des potiers à des formes conventionnelles et comme stéréotypées dont on essayait de racheter la monotonie par la diversité des petits bas-reliefs que l'on y encastrait, la *lucerna* semble s'animer en effet dès que le bronze a remplacé l'argile. Les becs (*myxœ*), dont le nombre restait forcément limité par la fragilité de la matière, se multiplient en s'ordonnant d'une manière plus libre et plus variée, et si nous nous étions proposé d'épuiser le sujet que nous effleurons, il nous serait facile de suivre les degrés de cette progression, depuis les *dimyxes* en forme de navette et de croissant que les *figulini* ne se permettaient que dans des circonstances rares, jusqu'aux grands *polymyxes* (2) de forme et de taille monumentale

(1) Ajoutez aux recueils que nous avons cités plus haut (à l'exception de Passeri) celui de Bartoli (*Raccoltà di varie antichità e lucerne antiche*; Roma, sans date; 12º); celui de Caylus (*Recueil d'antiquités.....* Paris, sept volumes in-4º, 1752-67); le grand recueil de Piranèsi, dans le t. XII particulièrement; Millin, *Monum, antiq inéd*, t. II, p. 100 et suiv., etc.

(2) Ces hellénismes que nous hasardons sur l'autorité de Martial (*lucerna polymyxos*; Mart., XIV, 41), seraient beaucoup plus réguliers à tout prendre que les mots *bilychnus* ou *bilychnis, trilychnus*, etc., que l'on a employés quelquefois en s'autorisant aussi de l'exemple des Latins eux-mêmes (*lucerna bilychnis*. Petron., *Satyric.*, ch. 30).

(quelques-uns ont jusqu'à dix-huit et vingt-quatre becs) que l'on suspendait à la voûte (*camera*) des hypogées ou au plafond caissonné (*laquearia*) des grandes salles (1).

Dans les monomyxes eux-mêmes (les lampes à un seul bec) dont nous sommes surtout préoccupé ici (2), la *lucerna œnea* se distingue par des traits essentiels de la *lucerna fictilis*, dont nous essayions tout-à-l'heure de ressaisir et d'indiquer les caractères. Au rostre qui se détache de la cuvette d'une manière plus libre et plus gracieuse, répond presque toujours une anse de forme élégante que l'artiste n'avait plus à craindre de voir briser au premier choc et dont il varie, avec un goût souvent remarquable, le motif et les accessoires. La cuvette qui reste le centre et la partie principale du *lychnus*, puisqu'elle est forcément le récipient de l'huile et de la mèche, conserve dans le plus grand nombre de cas sa forme circulaire que le bronze permettait d'évaser, d'arrondir, d'animer même en la décorant extérieurement de rinceaux, de palmettes ou de moulures concentriques. L'ornementation, qui part de l'anse le plus souvent, ne forme, dans ce cas, que l'accompagnement de la cuvette autour de laquelle elle joue et s'enlace avec une liberté respectueuse encore (3). Mais

---

(1) *Pendentes lychni*..... (Lucret., V, 206.) ..... *Dependent lychni laquearibus aureis* || *Incensi et noctem flammis funalia vincunt* (Virg., Æn., I, 725, qui se rappelle ici un vers d'Ennius cité par Macrobe, Saturn., VI : ..... *Dependent lychni laquearibus*.....) — *Tondunt auratis vincula lychnis* (Stat., Theb., I, 521.) De simples *dilychnes* eux-mêmes, dans les maisons modestes, se suspendaient immédiatement à la voûte ou au plafond, ce qui évitait la dépense d'un *tripes* (voy. plus loin) ou d'un *candelabrum* : *Etiam lucerna bilychnis de camerá pendebat.* (Pétron., Satyric., 30.)

(2) La lampe à un seul bec, en bronze comme en argile, était la lampe usuelle et commune, celle des ménages économes ou modestes (*frugi*), celle de la retraite studieuse et des veilles opiniâtres que l'on prolongeait sans faire attention à ses éternuments : *Jam, lucerna carissima, ter sternutasti*..... et d'où sortent les œuvres durables : *lucubrantes silentium noctis et clausum cubiculum et lumen unum velut tectos maximè teneat* (Quint., lib. X. — Edit. Lemaire, t. IV, p. 148).

(3) Nous ajouterons, sans hésitation, que c'est à ce type libre et traditionnel tout à la fois qu'appartiennent les *specimina* les plus parfaits que nous ait laissés l'antiquité. Il nous suffira de citer, à l'appui de cette assertion, l'élégant dimyxe de Pompéï, dont l'anse est formée par une chauve-souris déployant ses ailes (Barré, *Herculanum et Pompéï*, t. VII. Lampes, pl. 66), le beau trimyxe dont le couvercle est surmonté par un acrobate ou par un danseur immobile sur un seul pied (*Id.*, *Ib.*, pl. 44), et surtout le délicieux dimyxe de l'enfant à l'oie, l'un des ouvrages les plus complets et les plus exquis que l'art du fondeur ait produits.

souvent aussi l'imagination des artistes semble se fatiguer comme le goût du public de ces formes convenues qu'il était devenu difficile de rajeunir, et c'est alors la cuvette elle-même qui disparaît ou plutôt qui se transforme pour faire place à des conceptions de pure fantaisie, empruntées tantôt à la nature animale que les anciens comprennent et manient avec une sorte de naïveté fraternelle, tantôt à la nature humaine dont certains détails au moins se prêtaient à ces hardiesses voisines souvent du mauvais goût. Qui ne connaît, dans cette dernière catégorie, les lampes que l'on désignait sous le nom générique de *soleæ* (souliers, sandales), parce qu'elles avaient adopté comme type le pied humain, chaussé tantôt du cothurne, tantôt de la *caliga* militaire, et celles plus nombreuses encore dont l'huile et la mèche se cachaient dans l'intérieur d'une tête humaine, noire ou blanche, sévère ou riante, juvénile ou barbue, coiffée ici du casque héroïque des Grecs, ailleurs de la carapace fantastique de l'escargot (1)?

Lorsque l'on commença, il y a près d'un siècle, l'exhumation régulière de ces villes ensevelies de l'Italie du sud, où la vie antique, surprise pour ainsi dire sur le fait, nous a révélé jusqu'à ses détails les plus intimes, ce ne fut point sans étonnement que l'on rencontra, dans la plupart des maisons d'Herculanum et de Pompéï, un grand nombre de lampes de bronze dont les formes et l'ornementation rappelaient, avec plus de pureté seulement, celles des lampes découvertes et connues à cette époque. Il n'était plus possible de douter, en présence de ce témoignage inattendu, que ces lampes dont on avait expliqué diversement la destination, que le docte Passeri divisait méthodiquement en trois grandes classes affectées les unes à l'usage des dieux, les autres à l'usage des morts, les dernières à celui des vivants, ne fussent tout simplement des ustensiles d'intérieur (2), dont les artistes contemporains diversifiaient les

---

(1) Voy. pour les lampes en forme de *soleæ* les *specimina* donnés par Montfaucon, t. V, 11ᵉ partie, pl. 148, 149, — et pour celles en forme de tête humaine, *id.*, *ib.*, pl. 147, 152, 176, 177, 178, 179, 182.

(2) Les lampes que nous trouvons dans les tombeaux, comme celles que l'on dédiait aux dieux dans les laraires et dans les *sacella*, ne seraient donc que des lampes domestiques affectées exceptionnellement à l'un ou à l'autre de ces usages, ce qui n'empêchait point que l'on ne fondît et que l'on ne modelât, sur commande, des lampes spécialement destinées aux tombeaux, aux laraires ou aux temples, comme le prouvent les légendes dont sont ornées

motifs et l'ornementation pour répondre aux diversités des goûts, des instincts, des tempéraments, ou à celles des idées morales et religieuses. Mais ces petits meubles, que nous nous sommes trop habitués à considérer et à étudier isolément, ne formaient ici que l'accessoire ou le complément de meubles plus compliqués, de lampadaires de bronze, comme les lampes elles-mêmes, dont les formes variées et quelquefois charmantes frappèrent plus vivement encore l'attention des artistes et celle des archéologues. Tantôt c'étaient de petits trépieds, de forme basse, sur le tambour desquels le *lychnus* se posait à plat et que l'on plaçait eux-mêmes sur une table de bronze ou de marbre ; ailleurs, au contraire, ces supports étaient formés par de hautes et sveltes colonnettes (1) nues, cannelées ou noueuses comme le stipe des roseaux qu'elles rappellent volontiers, engagées à leur base dans un lourd trépied reposant sur le sol, et couronnées par un chapiteau en forme de disque, qui soutenait à son tour un *lychnus* à plusieurs becs. Les plus riches et les plus nombreux étaient d'une taille intermédiaire entre ces deux types. Ils se composaient d'une plinthe de bronze richement ornée, échancrée souvent à l'une de ses extrémités et de laquelle s'élançait un pilastre carré ou une colonne cannelée, quelquefois un arbre au tronc noueux, dont les bras ou les rameaux épanouis servaient de support aux *lucernæ*, que l'on y suspendait à l'aide de chaînettes de bronze (2). Pline, qui désigne sous le nom

quelques-unes de ces lampes : IOVI SERENO SACRVM (Passeri, 1, 33) ; — PALLADI VICTRICI (Bellori, p. 37. Montfaucon, *loc. cit.*, pl. 467). Quelques-unes ajoutent même au nom du dieu le nom du donateur : LARIBVS ‖ SACRVM ‖ P F ROMAN (Liceti et Montfaucon, *Ib.*, pl. 488). — L TETIVS ‖ ALYPVS ‖ IOVI. DD. (Bellori et Montfaucon, *Ib.*, pl 404). Une belle lampe grecque, publiée par Montfaucon, pl. 469, porte sur son anse, en forme de croissant, l'inscription suivante : ΑΡΤΕΜΙC ΕΦΕCΙΩΝ ‖ ΕΥΤΥΧΟΥC ΑΛΕΞΑΝΔΡΟΥ ‖ ΜΕΙΛΗΤΟΠΟΛΕΙΤΩΝ : La Diane d'Éphèse d'Eutychès, fils d'Alexandros, (stratége) des Milésiens.

(1) Les anciens eux-mêmes distinguent ces supports suivant leurs dimensions et leur taille, qui en déterminaient l'usage : *Mirantibus quod humile candelabrum emisset : pransorium erit, inquit......* (Quint., *Inst.*, VI, 3, 99).

(2) *Lychnuchi... arborum modo mala ferentium lucentes* (Plin., *H. N.*, XXXIV, 8). Voy. les *specimina* de ces *lychnouques* (λυχνοῦχος, de λύχνος et ἔχω) dont nous n'avons point la prétention d'énumérer les nombreuses variétés, dans les planches des ouvrages relatifs aux antiquités d'Herculanum et de Pompéï : *Le lucerne ed i candelabri d'Ercolano*, tomo unico, Napoli, 1792, in-folio : Mazois, etc., etc. M. Barré a gravé et commenté les plus remarquables de ces bronzes antiques dans le recueil cité plus haut : Paris, Didot, 1840.

de *candelabra* ces élégants lampadaires, ceux au moins qui étaient munis d'un fût en forme de colonne (*scapus*), nous apprend, dans un texte un peu laconique malheureusement (1), que la plupart de ces meubles étaient de fabrique grecque, et que les plus estimés sortaient de son temps des fonderies d'Ægine et de Tarente, qui avaient chacune leur spécialité ou tout au moins leur supériorité dans ce genre de travail; les Tarentins excellant surtout dans le coulage des fûts, auxquels ils donnaient des proportions sveltes et pures, les Æginètes, dans le travail délicat des accessoires et dans la décoration des plinthes, où de fines arabesques en damasquinure d'argent se marient tantôt à des figurines de ronde-bosse (*sigilla*), tantôt à de riches motifs d'encadrement et d'ornementation.

Nous n'avons point la prétention de comparer nos villes provinciales de la Narbonnaise et de l'Aquitaine à ces cités privilégiées du sud de l'Italie, grecques d'origine, comme on le sait, et où bien des causes concouraient à entretenir les pures traditions du goût, d'un côté le voisinage des grandes villes commerciales et industrielles du golfe de Tarente, de l'autre le spectacle de ces somptueuses *villæ* du golfe de Naples, dont le luxe patricien laissait probablement fort loin les élégances bourgeoises de Pompéï et d'Herculanum (2). Mais nous croyons pouvoir affirmer que les habitudes intérieures y rappelaient à plus d'un égard, dans les classes aisées surtout, celles des villes italiennes, et que le mode d'éclairage dont nous sommes

---

(1) *Insula et ipsa nec æs gignens (Ægina) sed officinarum temperatura nobilitata* (Plin., *Hist. nat.*, XXXIV, 5). — *Privatim Ægina candelabrorum superficiem* (les plinthes et les disques du couronnement) *duntaxat elaboravit, sicut Tarentum scapos. In hoc ergo commendatio officinarum est* (*Id.*, *Ib.*, XXXIV, 6). Le mot grec de *lychnouque* (λυχνοῦχος), que l'on confond quelquefois avec celui de *candelabrum*, paraît s'appliquer d'une manière générale à toute espèce de support ou de vase sur lesquels on plaçait les lampes, aux petits trépieds en forme de tambour, comme aux plateaux de bronze ou de marbre destinés à être suspendus au plafond des appartements.

(2) Verrès, qui ne dédaignait point à l'occasion ces candélabres de bronze, surtout quand ils étaient d'un goût archaïque et d'un style élevé (*Jam verò lectos æratos*, les lits revêtus de bronze, *et candelabra ænea*..... Cic., *In Verr.*, act. II, liv. IV, c. 26), leur préférait de beaucoup le candélabre d'or orné de pierreries (*Candelabrum e gemmis clarissimis, opere mirabili perfectum... Auro et gemmis.* — *Id.*, *Ib.*, 61-71), qui avait fait partie du trésor du roi de Syrie Antiochus, et qu'il parvint, non sans quelque peine, à *se faire céder* par ses deux fils (style d'amateur).

surtout préoccupé ici y ressemblait, toute proportion gardée, à celui que les fouilles de Pompéi nous ont révélé. Les chaînettes de bronze dont étaient ou sont encore munies quelques-unes de nos lampes prouvent suffisamment qu'elles étaient destinées aussi à être suspendues aux bras ou aux rameaux de quelque candélabre. Les autres se posaient à plat sur de petits *lychnouques* de bronze ou de bois, qui ne différaient de ceux de Pompéi que par la finesse et l'élégance du travail. A défaut d'inventions savantes ou de mécanismes perfectionnés, dont ils paraissent assez peu soucieux en général, les artistes anciens s'attachaient à tirer le meilleur parti possible des forces naturelles dont ils disposaient, à les revêtir, si l'on peut parler ainsi, de formes gracieuses, riantes et variées, à les agencer avec un goût ou un choix qui avait bien son mérite aux yeux d'un peuple essentiellement artiste, et qui trouverait grâce aux nôtres, si nous ne nous placions point, pour juger leurs procédés, au point de vue trop exclusif de la physique appliquée et de la mécanique industrielle (1).

Mais il est arrivé chez nous ce qui était arrivé presque partout, en Italie même, où l'on ne découvre que très-rarement des lampadaires comme ceux que nous venons de décrire ; ce qui serait certainement arrivé aux petites villes de Stabies, d'Herculanum et de Pompéi, si le Vésuve, dont on dit beaucoup trop de mal, n'avait eu un beau jour la fantaisie d'aller les surprendre et les maçonner toutes vivantes sous des fleuves de lave ou des montagnes de cendres sulfureuses. Ces élégants candélabres, que l'on achetait quelquefois au poids de l'or, au temps d'Auguste et de Néron, n'avaient plus que leur valeur de *vieux cuivre* au quatrième et au cinquième siècle, lorsque s'éteignirent, avec la richesse des classes bourgeoises, les pures traditions de l'art antique, dont le christianisme à son tour réprouvait les élégances, toujours païennes par quelque côté. La

---

(1) Ces perfectionnements mécaniques étaient alors le fait des mathématiciens, qui ne semblent s'en préoccuper eux-mêmes qu'au point de vue de la pure curiosité. Voir à ce sujet, dans les *Pneumatica* de Héron d'Alexandrie (100 av. J.-C.), d'ingénieuses inventions destinées à exhausser de diverses manières le niveau constant de l'huile, tantôt à l'aide d'une certaine quantité d'eau que l'on injectait mécaniquement dans le *lychnus*, et qui y faisait remonter graduellement la colonne d'huile plus légère que l'eau (lampes hydrostatiques), tantôt par d'autres combinaisons dont l'une rappelle le mécanisme de la célèbre fontaine à laquelle le nom de Héron est resté attaché (*Pneumatica*, *pass.*; dans le recueil des *Veteres mathematici*. Paris, 1693, f°).

plupart furent brisés, fondus ou vendus par leurs propriétaires eux-mêmes, devenus indifférents à toutes ces merveilles. Les lampes qui leur ont survécu ne doivent ce privilége qu'à quelque circonstance accidentelle qui les avait détachées du candélabre ou du *lychnouque* auquel elles appartenaient, et nous remarquerons à ce sujet que plusieurs de celles que nous allons décrire ne nous sont parvenues qu'avec leur anse faussée, leur couvercle brisé ou leur cuvette fêlée, ce qui semblerait indiquer qu'elles étaient déjà hors de service à l'époque romaine (1).

PLANCHE I, n° 1 (2).

Le village actuel de Saint-Jean-de-Verges (Ariége), où a été découverte la petite lampe que nous reproduisons sous ce numéro, paraît n'avoir été, à l'époque romaine, qu'un modeste *vicus* des *Consorani* (3), où les gens aisés eux-mêmes visaient plutôt au solide et au durable qu'à l'élégance inutile des accessoires et des détails. L'anse, qui se réduit ici à un anneau massif adhérent à la cuvette, est surmontée d'une sorte de balustre transversal qui servait évidemment à maintenir le *lychnus* en équilibre en offrant à la main un point de repos et d'appui. L'orifice de la mèche, plus large lui-même que de coutume, est dessiné en forme de *rictus*, et s'harmonise ainsi avec l'anse élargie de la lampe, dont il forme à peu près toute l'ornementation.

PLANCHE I, n° 2.

Le type suivant se distingue au contraire par une élégance de formes et

(1) Voy. notamment le n° 1 de la pl. 1, le n° 3 de la pl. 2, le n° 1 de la pl. 3. D'autres paraissent avoir été perdues ou égarées par mégarde. Les mieux conservées sont celles que l'on trouve dans les tombeaux, où les anciens les déposaient tantôt en manière d'*ex-voto*, tantôt comme de simples ustensiles à l'usage du mort ; mais elles y sont beaucoup moins communes que les lampes de terre.

(2) Les dessins de nos planches qui reproduisent exactement la taille des monuments eux-mêmes, nous dispensent d'en indiquer chaque fois les dimensions en largeur et en hauteur.

(3) M. Mercadier, bibliothécaire de la ville de Foix, à la bienveillance duquel je dois ce bronze mutilé, m'a assuré qu'il avait été découvert au bas du village, dans le terrain d'alluvion qui borde le lit encaissé de l'Ariége, où l'on trouve assez fréquemment des monnaies celtiques, ibériennes ou romaines, et de petits ustensiles de terre ou de bronze, simples et modestes le plus souvent, comme celui que nous décrivons. Le disque était défoncé et la cuvette écrasée comme à dessein de deux côtés.

une harmonie de proportions qui donneraient une haute idée de l'art aquitain au premier ou au second siècle de notre ère, s'il était bien établi que quelques-uns de ces petits meubles n'aient point été importés chez nous par ces colporteurs italiens (*negotiantes romani*) que César rencontrait fréquemment dans les Gaules, et dont la conquête n'avait probablement pas arrêté le petit commerce, utile d'ailleurs à l'éducation de nos artistes.

Ce qu'il y a de certain, c'est que toutes les parties de ce petit bronze sont proportionnées et agencées avec une aisance et une largeur qui frapperaient l'œil le moins artiste et l'esprit le moins habitué à analyser ses propres émotions. Le *rostre* évidé avec grâce se relie sans effort par deux moulures très-simples à l'orbe de la cuvette élargie et comme affaissée, qui forme réellement le centre de la composition. L'anneau de support disparaît tout entier (si l'on regarde le *lychnus* de face) sous la tige et les nervures d'une large feuille de lierre sur laquelle le pouce s'appuie avec une aisance inattendue (1), et qui donne à ce petit ensemble je ne sais quoi d'onduleux et de détendu, comme les attitudes affaissées du *Bacchus* indien, dont le lierre réveille involontairement le souvenir. Le trou presque imperceptible dont est percée la tige de cette feuille rivait probablement l'extrémité d'une chaînette destinée à assujettir l'*operculum* mobile de la lampe, qui a disparu comme la partie intérieure du disque dans laquelle il s'emboîtait, car on reconnaît sans peine que la moulure arrondie qui forme l'orifice actuel de la cuvette n'était que l'encadrement extérieur de ce disque brisé aujourd'hui.

La petite ville de Condom, d'où provient cet élégant spécimen (2), existait incontestablement à l'époque romaine. De remarquables débris antiques, découverts dans la ville ou dans le voisinage (3), sembleraient même

---

(1) Un petit bouton que le fondeur a ajouté à l'extrémité de cette feuille était évidemment destiné à empêcher qu'elle ne glissât sous la main, et à maintenir en équilibre le *lychnus* lui-même, dont l'huile s'échappait à la moindre distraction.

(2) M. Tarrieu, conducteur des ponts et chaussées, auquel il appartenait, nous a assuré qu'il avait été découvert dans le lit de la Baïse que l'on canalisait à cette époque, entre les deux ponts qui mettent en communication la ville et son faubourg.

(3) Nous songeons ici à de magnifiques vases de bronze, ornés d'anses finement sculptées, que nous avons vus jadis chez M. Jules Soulages, et qui font aujourd'hui partie de la belle collection de M. le duc de Luynes. Une charmante petite lampe de bronze que nous décrivons plus loin a été découverte aussi à quelque distance de Condom.

indiquer que le pays était habité dès cette époque par des gens de vie élégante et d'un goût assez pur ; deux choses qui en supposent une troisième à leur tour : du bien-être et de la fortune.

PLANCHE I, n° 3.

C'est de l'ancienne Aquitaine que provient aussi le spécimen que nous donnons sous ce numéro. Il a été découvert, il y a vingt ou vingt-cinq ans, sur l'emplacement de l'antique Aginnum, près d'une fabrique de cordages qui appartenait à cette époque à Mme veuve Laborde. Mais nous devons avouer que nous n'y retrouvons plus ni la largeur de faire, ni l'heureuse harmonie de proportions, ni la grâce mêlée de nonchalance qui nous frappaient tout-à-l'heure dans le *lychnus* découvert à Condom. L'espèce de palmette végétale, qui prend ici la place de la feuille de lierre, est entée sur l'anneau de support avec une rigidité qui n'est ni gracieuse pour l'œil, ni commode pour la main. Le rostre, un peu court pour la cuvette et surtout pour l'anse démesurée dont elle est emmanchée, est comme étranglé entre deux oreillettes en forme de volute qui n'auraient pas même le mérite de contenir et d'arrêter l'huile, puisqu'elles se terminent aux deux extrémités par deux moulures en spirale. L'*operculum*, retrouvé ici par une sorte de miracle, s'emboîte au fond d'un disque en retrait, encadré d'une moulure rigide, et achève de donner à ce petit *lychnus*, dont nous ne voudrions point médire, quelque chose de sec, de redressé, de légèrement prétentieux, que présentent rarement les ouvrages de l'art antique, ceux des bonnes époques surtout, où le bon sens s'allie toujours au bon goût (1). Un grand artiste d'Agen, dont le nom se représente involontairement à notre mémoire, oubliait quelquefois aussi en modelant ses faïences, hors de prix aujourd'hui, que les fantaisies de détail, quels que soient l'esprit ou la vérité avec lesquels elles sont rendues..... mais nous allions oublier que nous ne faisons ici que décrire de modestes ustensiles, auxquels nous nous hâtons de revenir.

PLANCHE II, n° 1.

Cette belle et simple lampe, dont notre dessin ne donne qu'une assez

---

(1) Une petite lampe de Pompéï, dont M. Barré donne le dessin dans sa pl. 26 (*Id., Ib.*), rappelle d'assez près les qualités et les défauts du *lychnus* que nous décrivons. Je remarque seulement que la palmette de l'anse se replie en sens inverse au-dessus de l'anneau, et en rappelle extérieurement la courbe.

faible idée, provient de Pompèï, comme quelques autres fragments antiques, qu'un heureux hasard a fait tomber entre nos mains. Ce n'est que comme terme de comparaison que nous ferons remarquer en passant l'heureux accord des diverses parties dont elle se compose, et l'élégante sobriété des ornements qui se ramènent, sans effort, à la pensée de l'artiste et à la destination du *lychnus* lui-même. Nous sommes surtout frappé sous ce rapport de la légèreté et de la grâce fantastique de l'anse formée par un rhizome flexible, d'où se détachent deux feuilles naissantes, et que l'on croirait modelée sur la main qui s'y adapte sans hésitation et sans effort (1). L'*operculum* qui couvrait l'orifice du disque, plus large qu'il ne l'est d'ordinaire, est resté probablement enfoui dans la cendre du Vésuve, à moins qu'il ne fût déjà perdu au moment où la ville a été ensevelie.

Planche II, n° 2.

Nous n'avons que de vagues données sur la provenance de ce *lychnus* acheté à Paris il y a plusieurs années. Ce que l'on reconnaît bientôt, en l'étudiant avec un peu d'attention, c'est que ce bronze diffère, par sa forme et par le caractère général de l'ornementation, de la plupart des lampes que l'on découvre assez fréquemment dans les Gaules. La panse de la cuvette, dont le rostre a quelque chose d'épais et de trapu, est décorée à l'extérieur de deux rangs de palmettes affrontées qui se rétrécissent graduellement en se rapprochant du couvercle et de la plinthe sur lesquels elles viennent s'enter. L'anse est formée, plus exceptionnellement encore, par une petite couleuvre dont la queue s'enroule sur la panse de la cuvette, et qui s'élance de là en se repliant sur elle-même pour former une poignée plus capricieuse d'aspect que commode à manier. L'*operculum* est convexe au lieu d'être concave; de manière à s'harmoniser avec la cuvette en forme d'oignon qu'il couronne. Il ne serait pas absolument impossible que cet échantillon, dont l'authenticité paraît incontestable, eût été apporté de l'Orient, de la Syrie, par exemple, ou de l'Asie-Mineure, où les traditions de l'art grec ont survécu, comme on le sait, à la conquête

---

(1) Les lampes antiques de bronze reproduisent assez souvent, en la modifiant, cette espèce d'anse végétale dont la simplicité mêlée de poésie paraît avoir frappé les fondeurs eux-mêmes. Je l'ai retrouvée plusieurs fois en Italie et même dans les collections françaises.

romaine. Le caractère du modelé, joint à celui de l'ornementation, semblerait indiquer une époque assez basse, le troisième siècle de notre ère, par exemple.

Planche II, n° 3.

Le *lychnus* monumental dont nous donnons le dessin sous ce numéro, appartient à une famille de lampes dont les variétés très-nombreuses peuvent se ramener à un type commun. La cuvette, circulaire dans la plupart des lampes que nous venons de décrire, prend ici une forme elliptique et allongée qui rappelle à plus d'un égard celle des nacelles ou des navires antiques. L'orifice de la mèche est creusé à l'extrémité de la proue qui se détache plus ou moins hardiment du corps du navire. La poupe, plus rapprochée de la main que l'artiste ne doit jamais oublier, s'élargit au contraire en s'arrondissant, et l'anse qui s'en détache est formée le plus souvent par le cou de quelque oiseau aquatique qui s'allonge et se replie au-dessus de la cuvette, comme le faisait la chènisque (1) des trirèmes, type ordinaire de ces lampes marines. La tête qui termine ce long cou, est le plus souvent une tête d'oie ou de cygne à laquelle l'artiste donne pour collier tantôt un *torques* d'argent serti de grosses perles, tantôt un bouquet de feuilles rudimentaires analogues aux palmettes végétales qui soudent la chènisque aux parois extérieures de la cuvette. Une lampe de Pompéï, qui a été gravée plusieurs fois, est terminée par le mufle camard d'un thon ou d'un dauphin, qui rappelle de plus près encore l'élément humide sur lequel le *lychnus* était censé voguer, portant triomphalement son petit fanal allumé à la surface des ondes (2). Mais il n'y a rien d'absolu dans les règles de l'art, astreint lui-même aux caprices du goût et aux fantaisies de la mode, et nous pourrions citer plus d'un exemple où le cygne et le dauphin sont remplacés, comme ils l'étaient du reste à l'arrière des vaisseaux eux-mêmes, par des animaux essentiellement terrestres, ici par une tête de chien, de cheval ou de coq bizarrement emmanchée au cou d'une oie; ailleurs par un mufle de lion ou par un *protomè* de panthère, condamnés à regarder de face la flamme qui les effraye; quelquefois par un masque scénique

---

(1) Χηνίσκος, de χήν, une oie.
(2) V. Barré, *loc. cit.*, pl. 55.

dont les yeux sans prunelles devaient être moins blessés de cette vive lumière (1).

Les eaux de l'Aveyron, dans le lit duquel a été découverte la lampe que nous décrivons, en ont oxydé et encroûté la chénisque, déviée déjà par suite de quelque chute ou de quelque coup violent. Le mouvement onduleux du cou et le regard farouche de l'oiseau sembleraient indiquer pourtant qu'il appartient plutôt à la famille du cygne, oiseau de bonne mine et de bon augure,

> *Cycnus in auspiciis semper lætissimus ales.*
> (*Anonym. apud Isidor. Hisp.*, l. XII, 7.)

qu'à celle de l'oie domestique, à laquelle les *provinciales* des cités gauloises n'avaient pas d'aussi sérieuses obligations que les patriciens de Rome. On sait d'ailleurs que les fleuves et les marais de la Gaule étaient fréquentés à cette époque par de nombreuses volées de cygnes sauvages, dont pouvaient s'inspirer les artistes indigènes.

L'espèce de graine arrondie que semble mordiller le bec élargi du palmipède, est percée d'un trou circulaire dans lequel était engagé, suivant toute apparence, l'anneau d'une chainette de bronze. Mais il est impossible de supposer que cette chainette ait servi cette fois à attacher un *obturaculum* que ne comporte guère l'orifice de ces lampes nautiques, formé le plus souvent par une espèce de navette étroite et allongée comme la lampe elle-même, quelquefois par un angle évidé, ménagé, comme il l'est ici, dans le pont du navire (2). En insérant dans ce trou un cordonnet de soie, j'ai été surpris de reconnaître que la lampe, toute lourde qu'elle est, restait dans un équilibre tel, que des oscillations assez violentes ne produisaient aucun mouvement sensible de bascule, de l'avant à l'arrière du navire aérien. La légère dénivellation que présentaient les rebords laté-

---

(1) V. *pass.* les recueils des lychnologues, Bellori, Passeri, Barré, où se rencontrent toutes ces variétés avec une foule d'autres que nous ne mentionnons point. L'anse d'une des plus belles lampes de Pompéï est formée par une chauve-souris qui semble entourer la flamme de ses ailes entr'ouvertes : Barré, tome VII, pl. 46.

(2) L'huile contenue extérieurement par l'espèce de parapet qui entoure le pont, affluait d'elle-même vers cet orifice légèrement déprimé, et tombait par là dans la cale du navire, c'est-à-dire dans la cuvette de la lampe.

raux du pont s'explique à merveille par la déviation assez marquée de la chénisque faussée, comme nous l'avons dit, par une cause accidentelle. On voit du reste à Naples, dans le musée des *Studj*, plusieurs lampes de cette espèce suspendues aux branches du *candelabrum* auquel elles appartenaient, et qui n'y sont suspendues comme la nôtre que par une chaînette verticale (1).

PLANCHE III, n° 1.

Si l'on s'explique, par une série de déductions assez faciles à suivre, comment les artistes anciens en étaient venus à prendre, pour types de leurs lampes, les navires de forme diverse qui sillonnaient les flots bleus de leur Méditerranée, on comprend bien plus facilement qu'ils en aient fait de véritables oiseaux, des oiseaux ailés (*alites*) comme ceux qui peuplent nos jardins et nos bocages. L'air dans lequel elles se balancent au moyen de chaînettes, d'anneaux et de crochets que nous retrouvons partout, n'était-il pas leur élément naturel, plus naturel et plus légitime, à coup sûr, que les eaux de la mer sur lesquelles nous venons de les voir voguer? Puisque les candélabres, assouplis et animés par l'art ingénieux des fondeurs d'Ægine, de Corinthe ou de Tarente, s'étaient métamorphosés en roseaux au stipe élancé, en arbustes délicats ou en arbres massifs chargés de branches, pourquoi n'auraient-elles point pris à leur tour la forme des hôtes aériens qui les animent de leur mouvement et de leur ramage (2)? Les escargots que l'on a trouvés à Pompéi, bizarrement transformés en lampes, au pied d'un de ces candélabres arborescents (3), se plaisent, il est vrai, à l'ombre des grands arbres, dont on les voit pendant l'été remonter silencieusement le tronc mousseux, strié sur leur passage de longs rubans d'argent. Mais ils n'y tiennent pas d'aussi près, à coup sûr, que ces oiselets de tout nom et de toute taille, que la fantaisie des artistes se plaisait à suspendre à leurs rameaux (4), comme s'ils leur eus-

(1) V. chez M. Barré les candélabres des planches IV et VI.

(2) Ces arbres de bronze qui remplacent de temps en temps le *scapus* des candélabres, ne seraient-ils pas des allusions à ces arbres sacrés que l'on trouvait partout, et aux rameaux desquels les voyageurs dévots (*religiosi olunuum* : Apul. *Florid.* 1) suspendaient aussi des lampes allumées : *Et quœ fumificas arbor vittata lucernas* || *servabat*... (Prudent. *Contra Symmach.*, 11, 1009).

(3) V. Barré, *loc. cit.*, pl. 1.

(4) Les types que l'on rencontre le plus fréquemment dans les recueils des lychnologues,

sent confié le soin d'en dissiper les ombres : *Totas quæ vigil exigit tenebras* (Mart., lib. XIV, 40).

Le volatile que l'artiste à choisi comme type de la grande lampe que nous reproduisons sous ce numéro, ressemble singulièrement à un canard ou à un caneton qui se plaît aussi dans l'eau douce de nos étangs, et qui y vogue à la façon des navires (1). Mais c'est sur la terre qu'il est ici représenté, au sortir de la mare où il a barboté longtemps, dans cette attitude d'immobilité indécise que Lafontaine et Grandville ont certainement remarquée plus d'une fois, mais qu'ils n'avaient point remarquée les premiers. Ses pattes écartées et ses pieds palmés posent parallèlement et à plat sur une plinthe rectangulaire destinée à servir de base au *lychnus* quand il n'était point suspendu aux branches d'un candélabre, à l'aide des trois chaînettes (l'une d'elles est malheureusement brisée) qui le

sont ceux du moineau (Montfaucon, pl. 144, d'après Bonanni), de la colombe (Liceti, 871; *Antichità d'Ercolan.*, 207, 304 : on voit, dans une peinture d'Herculanum, un candélabre chargé de colombes d'argent), du paon, que nous croyons reconnaître dans une lampe assez mal décrite par Montfaucon (pl. 170, d'après Lachausse). La lampe en forme de cygne ou d'oie qu'a publiée Bartoli (*Raccolta*, pl. XIX) se rapprocherait, par le sujet au moins, de la nôtre ; mais le palmipède y est représenté assis ou couché et la tête retournée du côté de sa queue. — Comme le paon qui était l'oiseau préféré de Junon, comme le moineau et la colombe que les peintres attelaient au char couleur de rose de Vénus, le canard pourrait se rattacher par quelque côté au culte et aux mystères du dieu de Lampsaque. L'escargot lui-même, dont le double sexe avait frappé les naturalistes anciens, était regardé comme un symbole de lubricité, ce qui explique pourquoi on le trouve plusieurs fois associé au souvenir et aux images de l'impératrice Messaline, qu'une pierre gravée (chez Baudelot) nous montre assise sur un escargot. Reste à savoir seulement si les artistes anciens ont toujours eu les intentions allégoriques que nous leur prêtons, dans des choses les moins réfléchies quelquefois, et si ce n'est point l'érudition moderne qui transforme ainsi l'art antique en une espèce de logogriphe poétique et religieux pour se donner le plaisir de le déchiffrer à grand renfort de rapprochements et de textes.

(1) Quelques-uns de nos amis, chasseurs ou naturalistes de profession, ont songé à la sarcelle, qui ressemblerait par quelques côtés à notre bronze. Mais le type du canard peut s'être modifié, depuis seize cents ans, par suite de croisements probablement nombreux. Nous rappellerons d'ailleurs que les anciens ne dessinaient et ne concevaient même point les animaux comme nous les dessinons dans nos recueils d'histoire naturelle. Ils s'attachaient surtout à ce que nous appellerions volontiers la ressemblance *morale*, c'est-à-dire à la vérité des sentiments et des intentions révélées par ce qu'ils appelaient l'*habitus oris et corporis*, par l'attitude, par la démarche, par l'aspect caractéristique des mouvements et de l'allure.

tenaient en équilibre. Mais il paraît qu'on ne s'était point contenté ici de cette alternative, car la plinthe est traversée à son tour par une espèce de tube rigide dont la pointe vient s'enfoncer verticalement dans l'estomac de l'oiseau, et qui ne peut avoir servi qu'à donner plus d'assiette et de solidité à la lampe elle-même en l'enfonçant à son tour dans l'*acus* d'un candélabre surmonté d'un trépied analogue à celui que nous représentons (1) à gauche de l'oiseau (planche III, n° 2). Le récipient de la lampe, plus considérable qu'il ne l'est d'ordinaire, est formé par le corps du volatile, évidé à l'intérieur (*œs conflatile*) jusqu'à la naissance du cou. L'huile se versait par une soupape en amande dont on aperçoit encore le couvercle brisé au-dessous de la charnière. La mèche, qui doit avoir été assez épaisse, sortait par un goulot qui s'évase au-delà de la queue dont le palmipède semble élargir et dilater les plumes, comme il le fait souvent au sortir de l'eau avant de se mettre définitivement en marche.

Il y a plus d'une raison de croire que ce bronze, remarquable par ses dimensions autant que par ses formes, a été modelé et fondu dans l'ancienne Aquitaine, où nous pouvons affirmer qu'il a été découvert (2). La précaution singulière que nous signalions tout-à-l'heure semblerait même indiquer qu'on le regardait, dès cette époque, comme un ouvrage d'art remarquable, et que le possesseur envié de ce *lychnus* y attachait un certain prix. Quant à l'âge du monument, qu'il serait plus téméraire encore de chercher à déterminer, nous nous contenterons de remarquer que le détail y est traité avec un soin minutieux et dans un goût semi-byzantin, qui contraste avec la vérité sentie de l'attitude et le modelé des parties principales qui a encore de la largeur et de la fermeté.

PLANCHE III, n° 3.

L'*emunctorium* (pince) que nous reproduisons ici, appartient à notre savant et modeste ami, M. Devals, que sa belle histoire de Montauban a

---

(1) Nous ignorons la provenance précise de ce petit trépied, qui a appartenu à notre regrettable ami M. Jules Soulages ; nous tenions seulement à constater ici que ces petits meubles n'ont pas toujours servi, comme le supposent trop exclusivement la plupart des archéologues, à recevoir la tige d'un *cereus* ou d'une *candela*.

(2) Dans le département actuel du Gers, près du village de Peborgé-la-Gardère, arrondissement de Valence, sur le domaine de la famille Pérès, qui a bien voulu s'en dessaisir en notre faveur.

placé au premier rang des écrivains sérieux du midi de la France. Comme la plupart des objets antiques que M. Devals est parvenu à réunir presque sans sortir de chez lui, cet élégant ustensile provient de la *mansio* gallo-romaine de *Cosa* (Cos aujourd'hui), et nous montre quelle dimension et quelle forme prenaient parfois ces petits meubles, très-simples d'ordinaire, lorsqu'ils étaient destinés à quelque *lychnus* monumental comme ceux que nous venons de décrire.

PLANCHE IV, n°° 1 et 2.

Voici l'humanité elle-même condamnée à servir de prison à cette lumière divine que l'audace de Prométhée avait ravie aux cieux, et avec laquelle semble jouer le génie familier des artistes. Mais ce n'est point aux réalités élevées ou sévères de la nature humaine que cette libre fantaisie ira demander ses inspirations. Comme la légende et la poésie populaire, fille ou sœur de la légende, elle semble se complaire sur les confins et aux limites extrêmes de l'humanité, dans ces régions poétiquement indécises, où l'homme se confondait par de fabuleux compromis, tantôt avec la plante, tantôt avec la bête, et s'empreignait ainsi aux yeux du naturalisme antique d'une sorte de caractère surhumain.

L'œil le moins exercé reconnaîtra sans hésitation la tête d'un satyre dans la charmante petite lampe que nous reproduisons ici sous deux aspects pour en donner une idée plus complète (1). A défaut de sa queue nerveuse vivement retroussée au-dessous des reins, de sa poitrine et de ses cuisses velues que l'artiste nous laisse deviner, de ses pieds fourchus et sonores sur lesquels il aime à bondir, nous en trouverions une preuve dans ces cornes naissantes qui ont percé et qui hérissent déjà son front tuméfié. Le menton imberbe comme les joues nous apprend de son côté qu'il est jeune, comme le sont la plupart des satyres, compagnons ou complices avinés du jeune *Iacchus*. L'œil oblique et perçant qui se cache sous l'alvéole gonflée des deux cornes, des lèvres accentuées et vigoureu-

(1) Ce type a été reproduit plusieurs fois par les *sigillarii*. Nous nous contenterons de rappeler ici une belle lampe du Liceti ? (la voir chez Montfaucon, pl. 182), dont le satyre diffère du nôtre par son menton barbu et ses cornes de bouc remarquablement développées. L'huile se versait chez le nôtre par un orifice fleuronné, pratiqué au-dessus de l'anse à l'extrémité de la cuvette, et la mèche en sortait par un orifice circulaire creusé à l'extrémité du menton.

ses, des oreilles élargies qui semblent se dilater pour saisir les bruissements passagers de la feuillée, les chuchotements lointains et contenus des chaudes soirées d'été, indiquent suffisamment que c'est la nature humaine qui l'emporte encore dans ce mélange, qu'elle en fait le fond et comme la trame. Mais la fantaisie de l'artiste ne s'est pas contentée ici de cette alliance déjà riche de contrastes. En modifiant légèrement le relief des pommettes, en relevant ou en abaissant en sens opposé le pli des lèvres et l'angle des yeux, il est parvenu à donner à chacune des deux faces de ce profil une expression très-distincte ; d'un côté, celle du plaisir sensuel et jovial ; de l'autre, celle de la peine grossière aussi qui regrette ou qui réclame. Le *Jean-qui-pleure* et le *Jean-qui-rit*, dont le dix-huitième siècle avait mis à la mode les figures triviales, reléguées aujourd'hui dans les jardins des notaires de village, se trouvent ici réunis et accolés sous le même front, comme ils l'étaient au théâtre, dit-on, dans les masques de certaines charges épicées, dont le libretto ne nous est point parvenu. Enfin, sur cet ensemble passablement complexe, la verve capricieuse de l'artiste a encore enté en façon d'acrotère des détails étrangers, des détails empruntés à une troisième nature plus éloignée encore de la nature humaine, une crête qui se redresse et se gonfle entre les arcs naissants des deux cornes, un bec nerveux et crochu comme celui du coq, et au-dessous de ce bec deux barbettes charnues analogues à celles que secoue en marchant le sultan emplumé de nos basses-cours lorsque la jalousie ou l'amour lui font monter le rouge au front.

La pensée ou l'intention de l'artiste se laissent entrevoir assez nettement sous ces allusions transparentes, et l'on peut conjecturer, sans trop de hardiesse, que la petite lampe que nous décrivons ne s'adressait point précisément à un de ces stoïciens refrognés, brouillé, comme le dit Horace, avec toutes les bonnes choses de ce monde ; à moins que celui-ci n'ait trouvé le moyen d'allier, comme on le faisait déjà, dès cette époque, une théorie austère et tendue jusqu'à l'éloquence avec une pratique plus conciliante et plus humaine (1). Si rien ne prouve que notre petit *lychnus* ait été un meuble de fort bonne maison, comme nous serions assez tenté de le croire pour notre part, on peut le regarder au moins et sans hésitation,

(1) *Qui curios simulant et bacchanalia vivunt* (Juven., *Satyr.* II, 3).

vert il y a quelques années sur l'emplacement de la métropole des *Lactorates*, une des cités jadis florissantes de l'ancienne Novempopulanie. Deux des rostres, ébréchés par le temps, ont été assez habilement restaurés.

Planche V, n° 1.

Le bronze par lequel nous terminerons cette revue, et que nous pouvons nous dispenser de décrire en présence du dessin très-exact que nous en donnons, aurait eu quelque droit, chronologiquement parlant, à en former le premier chapitre. Ce n'est autre chose, en effet, qu'un chandelier de bronze à tige rigide et nouée, analogue par sa forme à ceux du moyen-âge, et destiné à recevoir un cierge de cire ou une chandelle de suif.

Ce qui donne un intérêt tout particulier à cet élégant spécimen, c'est qu'il a été découvert tout récemment dans l'Agenais (1), en compagnie d'ustensiles gallo-romains dont la date ne peut être sérieusement révoquée en doute, et parmi lesquels nous nous contenterons de citer un grand *capis* de bronze d'une hardiesse de forme et d'une pureté de goût très-remarquables. Faudrait-il conclure de ce fait, qui a bien son importance et sa valeur, que l'éclairage à l'huile n'avait point supplanté partout dans les Gaules ce que nous appelions plus haut l'éclairage indigène, puisque nous retrouvons dans l'Aquitaine, à côté des petites lampes que nous venons de décrire, un ustensile qui ne peut avoir servi qu'à supporter une *candela* de cire ou de suif et un ustensile d'un caractère tout usuel, s'il faut en juger par ses proportions et par ses formes remarquablement simples ? Dans l'Italie elle-même, où le *candelabrum* n'était pas primitivement destiné (son nom le prouverait seul) à recevoir et à supporter des lampes enchaînées (2), il s'en faut de beaucoup que ces habitudes indigènes, traditionnelles dans les classes inférieures surtout, aient complètement disparu devant les élégantes inventions du goût et de l'art des Grecs (3).

(1) Au lieu de Bon-Encontre (*Bonus eventus?*), à quelques kilomètres d'Agen.
(2) *Candelabra quibus affigi solent vel candela vel funes pice delibuti* (Serv. ad Æn.). *Funes* et *funiculi* (Cic.) désignent ces cordelles de chanvre ou de lin dont nous parlions en commençant. Le mot *affigi* indique suffisamment que ces *candelabra* étaient souvent terminés par une pointe comme ceux de nos églises. Le mot *funes*, dont nous parlions tout-à-l'heure, a formé chez Virgile l'adjectif *funalia*, qui paraît avoir le même sens que *candelabrum*.
(3) Nous ferons remarquer à ce sujet que Martial, un des poètes de la vie intérieure,

5

Nous n'en voudrions d'autre preuve que le beau candélabre de bronze découvert à Pompéï, et qui était destiné à recevoir un grand cierge (*cereus*), comme ceux que nous allumons encore devant les images des saints.

Ce que prouve au moins, d'une manière péremptoire à notre sens, la petite découverte que nous venons de signaler, c'est que ces flambeaux d'apparence romane n'appartiennent pas plus en propre au moyen-âge, auquel on les a attribués d'une manière exclusive, que ne lui appartient notre *calel*, le représentant actuel de la lampe antique dont nous retrouvions tout-à-l'heure le type en pleine civilisation romaine. Les deux ouvertures carrées et parallèles dont est percé le récipient du candélabre, et que l'on retrouve elles-mêmes dans un grand nombre de chandeliers romans d'une époque relativement moderne, étaient destinées à faciliter le nettoyage de l'ustensile, que l'on se contentait d'évider à l'intérieur, avec la pointe d'un couteau et de placer ensuite dans la cendre chaude, comme le font encore nos ménagères.

PLANCHE V, n° 2.

La chaînette de bronze que notre dessinateur a déroulée au-dessous de la base circulaire du petit chandelier que nous venons de décrire, était destinée, quoi qu'on en ait dit, à suspendre une lampe de bronze perdue ou détruite aujourd'hui. Elle est encore munie de l'espèce de harpon qui servait à la fois à accrocher la lampe et à en moucher la mèche lorsque les *fungi* commençaient à s'y produire, et que ses *éternuments* répétés attiraient l'attention du travailleur (1). Ce fragment, qui n'a guère

---

appelle quelque part la *candela* l'esclave de la lampe, ce qui indique au moins la simultanéité des deux usages : *Ancillam tibi sors dedit lucernæ...* (Mart., XIV, 40. Candela). — *Hic tibi nocturnos præstabit cereus ignes* ‖ *subducta est puero namque lucerna tuo* (Mart., XIV, 42. Cereus). — Il nous rappelle ailleurs, en deux vers élégamment concis, que la lampe était une invention récente et ruineuse que ne connaissait point la rudesse frugale des vieux Romains : *Nomina candelæ nobis antiqua dederunt :* ‖ *non norât parcos uncta lucerna patres* (Mart., XII, 43); opinion que confirmerait plus d'un témoignage antique : *Candelabrum è candelâ, ex his enim funiculi ardentes figebantur. Lucerna post inventa, quæ dicta à luce aut quod id vocant Græci λύχνον* (Cic., de Divin., II, 58. V. aussi Varr. chez Serv.). Au deuxième siècle de notre ère, Apulée indique parmi les ustensiles d'éclairage (*nocturni luminis instrumenta*) dont on se servait de son temps les torches, les cierges, les chandelles de suif et les lampes : *Tædis, lucernis, cereis, sebaceis et cæteris nocturni luminis instrumentis...* (Apul., Metam., lib. IV, p. 122, edit. in usum Delphin.)

(1) *Scintillare oleum et putres concrescere fungos* (Virg., Georg., I, 392). L'espèce de crépi-

d'autre mérite que sa conservation et sa patine d'un vert tendre, recherchée des amateurs, provient de la petite ville de Castres (*Castra*), dont le sol a fourni plus d'un débris antique.

PLANCHE V, n°s 3 et 4.

Les deux lampes d'argile que nous avons dessinées de face sous ces numéros proviennent toutes les deux de la petite ville de Vaison (*Vasio Vocontiorum*), qui est connue de tous les antiquaires pour le nombre et la variété de ses lampes de terre, que l'on y fabriquait suivant toute apparence. Le petit bas-relief qui décore le disque de celle de gauche (n° 3), l'Amour conduisant à grands coups de fouet un bige attelé de deux chiens, est un de ces sujets galants et populaires que le goût des artistes anciens a répétés jusqu'à profusion sur les monuments les plus divers. Quant à celui de la lampe de droite (n° 4), qui est beaucoup plus compliqué et infiniment moins clair, les diverses interprétations que nous en avons tentées nous ont paru si savantes et si peu sûres, que nous aimons mieux n'en hasarder aucune et laisser à nos lecteurs le plaisir de chercher et d'expliquer à leur tour.

P.-S. Le beau chandelier de terre (1) que nous ajoutons en post-scriptum aux spécimens que nous venons de décrire, vient d'être découvert à Montans par notre jeune ami, M. Rossignol fils. L'argile, d'un rouge pâle et d'un grain assez fin, est enduite extérieurement de ce léger vernis rouge dont les potiers antiques ont emporté le secret. L'intérieur, qui est sans vernis, est creux du sommet à la base, ce qui pourrait laisser croire qu'il s'agit ici d'un simple *lychnouque*, terminé au sommet par un disque sur lequel on posait une *lucerna* de terre ou de bronze, et destiné à remplacer ces riches lampadaires de bronze que l'on ne devait point ren-

---

tation qui accompagne souvent ce charbonnement s'appelait un éternument : *sternuit et lumen...* (Ovid., *Heroid.*, XIX, 159) : *Jam, lucerna carissima, ter sternutasti* (?) — La lampe elle-même, limitée par ses dimensions à une certaine dose d'huile, pouvait devenir une sorte de chronomètre si l'on avait le soin de la garnir chaque fois également ; et l'on disait familièrement chez les Grecs : Attendre ou travailler trois lampes : Δηθύνει Κλεοφάντις, ὁ δὲ τρίτος ἄρχεται ἤδη ‖ Λύχνος ὑποκλάζειν, ἧκα μαραινόμενος (*Pauli silent. Epig. Anthol.*, edit. *Iacobs*, lib. V. n° 279).

(1) Il est malheureusement mutilé aux deux extrémités.

contrer dans toutes les maisons de la Gaule (1). Si l'on se décide à y voir un *ceriolare* analogue, à la forme et à la matière près, au chandelier de bronze dont nous le rapprochons, nous y trouverions une nouvelle preuve que les Gaulois n'avaient point renoncé complètement, même dans le sud de la Gaule, à leur système indigène d'éclairage que la civilisation romaine avait en partie supplanté dans les villes. Les dimensions de cette terre cuite sont supérieures, il est vrai, à celles du chandelier de bronze découvert dans l'Agenais (notre dessin le réduit de moitié), et les anciens lychnologues en auraient conclu, sans hésitation, qu'il avait été modelé tout exprès pour être placé dans quelque petit temple urbain ou rustique (*fanum*), où les gens des campagnes continuèrent, longtemps après la chute du paganisme, à allumer des *cerei* et des *candelæ* (2).

(1) Pline affirme que tel ou tel de ces meubles de bronze coûtait la solde d'un tribun militaire : *nec pudet tribunorum militarium salariis emere* (XXXIV, 6), et que la riche Gegania en avait poussé un dans une enchère jusqu'au chiffre de 50,000 sesterces (10,500 fr.). Il est vrai qu'elle avait eu par-dessus le marché un esclave bossu, foulon de son métier (*gibber præterea, et alio fœdus aspectu*, Id., Ib.), dont elle fit son amant et peu de temps après son héritier.

(2) Nullus christianorum ad fana... luminaria faciat (*Serm. B. Elig. in vitá ejusd.* : *Audoëno auctore*, 683 ou 689). — Si aliquis vota ad arbores vel ad fontes, vel ad lapides faciat, aut ibi candelam seu quodlibet munus deferat... (Burchard von Worms, 1024, *corp. decr. Colon.*, 1549). — « Venisti ad aliquem locum ad orandum, nisi ad ecclesiam... et ibi aut candelam aut faculam pro veneratione loci incendisti? » (*Id., Ib.*, p. 193). — A l'époque romaine, le *ceriolare* semble déjà faire sérieusement concurrence à la *lucerna* dans les temples et dans les lieux saints : L GRANIVS CERIO ‖ LARIVM IMPENSA SVA ‖ FACTVM ‖ DEDIT DONAVIT (*Malacæ* : *Murat*, 122. 1. Orelli, 2506). — ..... CERI ‖ OLARIA DVO SATV ‖ RI ET ANTIOTES (*Satyri et antiopes?*) ‖ LIBENTES DONVM ‖ DEDERVNT (*Æsculapio et Hygiæ* : *Romæ* : Orelli, 2515). — ..... CERIOLARIB ‖ DVOBVS AEREIS HABENTIBVS EFFIGI ‖ EM CVPIDINIS TENENTIS CALATHOS..... (*Romæ* : Grut, 175. 5. Orelli, 4068).

www.ingramcontent.com/pod-product-compliance
Lightning Source LLC
Chambersburg PA
CBHW060725050426
42451CB00010B/1635